빨간 고양이를 구해줘

이 도서의 국립중앙도서관 출판시도서목록(CIP)은 e-CIP 홈페이지
(http://www.nl.go.kr/ecip)에서 이용하실 수 있습니다.
(CIP 제어번호 : CIP2014015125)

빨간 고양이를 구해줘

글쓴이 / 김정옥
펴낸이 / 孫貞順
펴낸곳 / 모아드림

1판 1쇄 / 2014년 5월 27일

(120-866)서울 서대문구 북아현로 22나길 13-8
전화 / 365-8111~2
팩시밀리 / 365-8110
E-mail / morebook@morebook.co.kr
http://www.morebook.co.kr
등록번호 / 제2-2264호(1996.10.24)

ISBN 978-89-5664-168-3

값 8,000원

모아드림 기획시선 147

빨간 고양이를 구해줘

김정옥 시집

모아드림

■ 시인의 말

나들이

탈출이란 언제나 흥미롭고 경이로워
각진 버스 속에서 동그란 바깥을 상상한다
고치 속 번데기를 기억하지 않는 나비를 꿈꾸며
실을 뽑아 내리기도 하고 늘리기도 하고
하루를 몇 년같이 세워보는 촉수
폭설이 온다네, 내가 지워질지도 몰라
더 고치 속으로 들어가 까무룩 잠이 들면, 한 번씩
뽕잎처럼 깨우는 왈츠곡
펄럭이다 팔락이다 팔랑이다
어떤 날개를 달고 갈까
비단 날개를 단 나비를 상상한다
상처 하나쯤 가슴에 달아도 괜찮아
무지개 다리 하나쯤 끌어다 시 계곡 넘고 싶어
시간과 책 사이에 포개어졌던 수많은 문진
실 한번 내주지 못한 고치로
겹겹 두께만 높여 온 날들이다
이제 세상으로 내미는 첫발, 어설프다
고치를 뚫고 나와 아름답게 유영하고 싶은

나비를 꿈꾸며

……동학사 벚꽃길이 환하다, 모두가 홍겹다
아름다운 꽃 세상을 꿈꾼다는 것은
얼마나 행복한 일인가
사람이 사람을 그리워하고 의지하고 싶은 세상에
함께 나누며 살고 싶다는 것
그리고 그곳의 부속으로 살고 싶다는 것
사랑이란
뜨겁거나 용솟음치지 않아도
따스한 마음 하나만으로도
행복할 수 있다는 것을 알았을 때
고통스러운 생의 어느 한순간이라도
버릴 수 없는 '나' 라는 것을 알았을 때
난 펜을 들었다
좀 더 아름다운 우리를 찾아서……

2014년 봄날, 동학사 벚나무 아래서
김정옥

차례

2부

3부

4부

■ 해설

1부

소금바람

새만금에서 바람이 불어왔다
넓은 갯벌에 홀로 꽂혀 있던 작대기
몇 달 며칠 절인 얼굴로
휘적휘적 무언가를 말한다
친구가, 배신을, 살점이 뜯겨나가는 소리
귓속을 적시는 소금바람에 코끝이 씽하다
커피숍 아가씨의 따뜻한 손길이
필요한 순간이다
— 이 순간도 지나가리라
아메리카노에 갓 구운 빵
주욱주욱 뜯겨서 올라오는 빵 살 사이로
사내의 소금이 내려앉는다
이 빵에도 분명 짠맛이 있을 텐데
그래, 저 사람도 잘 숙성이 되면
이런 단맛이 되겠지
아주 귀한 그것이 소금 각을 세울 땐
품에 끌어안고 발효시킬 수밖에
모진 친구의 소금바람 어딘가로 데려다 주겠지
잘 구워진 빵의 향기가 목으로 넘어간다
절여진 얼굴과 함께

빨간 고양이를 구해줘

눈발이 줄 맞추며 따라와
차곡차곡 차례 지켜 쌓이는 눈 위에
단풍이 날린 자리 선명한 고양이 발자국
가을의 끄트머리라도 움켜쥐려나
발갛게 발톱 오그려 보지만
하얗게 삭아가는 기억
고양이 집은 빗장으로 잠겨 버렸어
몇 날 며칠, 들고양이들 눈 데굴거리며
밤새 뽑아놓은 털이
데구르르 뒹굴던 빨간 출근길
순간, 멈추는가 했는데
반나절에 계절을 흰 소문으로 묻어 버려
비상벨이 울렸어
피난처를 찾지 못한 빨간 고양이
외쳐댄 SOS
바스락 옴짝도 못하고 먹먹한 물 젖은 소리만
언제 숨었을까
처마 밑에 단풍 고양이 한 쌍 야옹하고 있어

이사하는 사람들 겨울 도장 찍느라 발밑만 보고 있어
어깨에 들려진 흰 보따리 내려놓느라
분주한 오후의 거리엔
버려진 고양이 울음이 빨갛게 부서져 있어

케이블카

날개 없이 날고 있지
줄 하나에 매달려 따라오는
산봉오리가 봉긋봉긋 물오른 젖가슴이다
마음에 철없는 풍선 하나 있어 떠오르는 것만 좋다

케이블카는 하늘 이빨에 끼인 고춧가루처럼
웃을 때마다 반짝이지
무심하게 쳐다보다 발견된 부끄러움처럼
이어진 쇠줄이 하늘에 닿게 하는 거라고
발바닥을 허공에 띄워 놓고 있었다
순간, 이카로스 날갯죽지에서 구름 뼈가 꿈틀거린다

바닥에서 높아질수록 낮아지고 낮아지고
발아래로 수없이 견디며 넘어야 했던 산봉오리들이
떠나온 자리만큼 작아지고 있다

구름 보이는 곳이 목적지라지
발이 후들거리며 긴 한숨을 내쉰다

산중턱 어느 쯤에서 다시 시작해야 하는 여정
발톱 끝 부리에서 통증이 온다
뿌리를 내리고 싶은지 자꾸 들썩이는 무엇이 있다
부레옥잠은 호수에만 있는 것이 아니었다

물 거울

손을 담그어 보다가 작아지는 손을 본다
물은 사람을 작아지게 하는 속성을 가지고 있나 보다
몸을 집어넣어 본다
작아지는 다리
작아지는 가슴을 본다
세상을 볼 때 물속을 들여다보듯이
하지는 않는지
그 안에 있는 바위를 돌처럼 생각
하지는 않았는지
겁 없이 움직이는 송사리 한 마리
바위 밑에서 모래바람을 일으킨다
바쁜 몸놀림을 한다
물 밖에선 고래처럼 생각하는 사람들
물속에서 한낱 송사리로 거친 몸부림이
뿌옇게 일어난다
작아진 모습조차 볼 수 없는 한 치 앞
가라앉기를 바라는 바닥의 마음으로 들여다본다
작아진 내가 물 밖을 바라보고 끔뻑이고 있다

작은 눈으로 들여다본 어리석은 착시현상 앞에
오히려 내가 저렇게 작아 보이고 싶었던 건 아닐까
작은 꿈과 작은 기대 속에서
소박한 인정 속에서 살기를 바랐던 마음
들키는 순간이다
물거울 속에 나
거기
내가 살고 있었다

아리고개 식당

탑동 넘어가는 길목 아리고개 식당에는
늙은 여재판관이 산다
방마다 꽃 명패 걸어놓고
날마다 닭들의 재판이 치러지는 곳
사람들 이마에 굵은 땀방울 송글거릴 때마다
토종닭은 제 죄명을 다 안 듯
침묵, 밖은 고요하다
몇몇 화투꾼이 고도리를 잡을 때
잠시 와들짝하지만
이내 조용하게 신발 끄는 소리
닭들은 어느 죄명으로도 불려질 순간이다
그녀의 검지는 재판관 망치이다
생의 결정권을 가진 거대한 손이다
닭벼슬 달았다고 목대 치켜세워도
손의 선택은 언제나 명확하다
아주 배불려서 기름진 놈으로 잡아내는 솜씨
그 손 있으면
힘없는 사람 모이 뺏어 먹고 목대 늘리는 인간들

와짝 눈뜨게 할 수 있을까
얼마 전 TV에 거지 목사님, 굵은 목대
메마른 노숙자 팔다리를 지팡이로 삼았다
힘겨운 누군가의 마지막 소리가
굵어지는 목대의 힘줄이 될 때
아리고개를 흐물흐물 넘어가는 꾸부러진 등을 본다
날마다 아리고개에서는
땅. 땅. 땅 망치 소리
벼슬 떨어지는 소리가 우수수 들린다
그러나 침묵 밖은 언제나 고요하다

오징어 덕장

속초, 오징어 덕장에 가면 실향민촌이 있다
어부가 이어 놓은 줄에 매달려 마른 꿈을 꾸는
실향의 오징어가 하루하루를 증발시키고 있다
며칠 전만 해도 넘나들던 고향산천
잠깐 마실 나온 사이 그어진 선
흘러다니는 물조차 갈라놓는 것은 무언가
'어머님의 손을 놓고 돌아설 적에 부엉새도 울었다오 나도 울었소'
속초의 강태공 할머니의 애절한 노랫소리
함께 말라가는 마음들이 있어, 우우우 오징어 떼가 밀려온다
— 이산가족 상봉, 신청도 못했꼬마
— 이리 끝까정 아들도 못 보고 가는 기 뉘기 알았겠씀
떠나올 때 흔들었던 아리따운 손
잡아보니 비린내만 풍기는 갈퀴가 되어 있다
자꾸만 감기는 눈, 꼬챙이로 버텨보다가
어쩌다 북쪽 바람이라도 불면
조바심으로 온몸 그네질쳐대는 오징어

속초 아바이마을에 가면
애간장 파낸 가슴 내보이며
북쪽 하늘만 잡아당기는 오징어 덕장이 있다

객관적이란 총천연색을 흑백 필터로 통해 보는 것과 같다*

관념의 정지선에 걸린 여자, 꼬리 올린 고양이가 된다
털 곤두세우고 잃어버린 쥐를 쫓는 눈으로 본 세상
흑백 필터를 빠져나온 모든 것들이
색깔 잃고 양면 재판만 남겼을 때
바닥 없는 깊은 도시 골에서
조각난 마음 모서리들이 각을 세우고 날아다닌다
수리 계산만이 인정되는 머릿속
기계적인 소통들뿐이다
오차를 인정하지 않는 나사로 연결되어
자연스러운 색깔은 없다
외제 자동차가 사람 대신 평가 받고
고급 아파트 평수로 인정받는 세상
평생 바깥쪽으로 달려야만 하는 거리 폭주족처럼
굉음으로 죽어가는 거리를 깨우고 싶다
이미 너무 와 버려 뿌리 없는 실체가 되어 있지만
솟구치는 빌딩들이
서로들 뭉쳐 또 다른 신세계 주인이 되었다
어쩌면 백악기 시대부터

이미 저들이 주인이었는지 모른다
아직, 순수함을 벗어나지 못한 자연인 모습으로
꽃을, 낙엽을, 바람을, 비를
무지개 사랑을 찾는 것이
먼지 무거운 책 속에서나 있게 된다면
회전목마처럼 지구를 움직이는 거대한 객관적 눈 아래
거역할 수 없는 세상, 진행되고 있는 건 아닐까
몸속 어딘가에 기계 필터 하나 있을지도 모르겠다
온몸 고양이 털을 곤두세워 감지해 볼 일이다
마지막 자연인을 지키기 위해

* 2014년 수능 영어 지문에서 인용

고드름

TV가 클로우즈업시키는
찬 시멘트 바닥에 웅크리고 있는 사람들
검게 탄 가슴이 눈망울 안에서도 일렁거린다
오래 걸어 내려온 듯 속눈썹에 매달려 있는 물방울
부은 발등 발가락이 되었다
오므린 발끝으로 힘들게 세상을 찍어 보는

텅 빈 마음으로 단단하게 자라나는 것들
명동성당 첨탑에도 매달려 얼어 있지만
실은 이곳저곳 적시다가
고향땅 옥답에 고이는 물이고 싶었을 게다
질기고 모진 눈물이 생뼈로 자라는 곳
시멘트 바닥의 칼 추위가 쓰윽쓰윽 숫돌에서 날을 세운다
저 고드름, 그래도 녹아내리겠지
아니면, 바닥에 떨어져 산산조각이 나거나

은행잎 한 장 흐른다는 건

식탁 유리가 갈라져 있다
맞다, 며칠 전 쥐고 있던 젓가락이 떨어졌었지
은행잎 한 장이 조용히 꼬리 저으며 흐른다
불황을 앞에 둔 계절 탓인가
무심한 날갯짓 하나 보았을 뿐인데
서늘해진다, 소리 한번 지르지 못하고 갈라졌을 식탁 유리
발걸음이 조심스러워진다
부쩍 늘어난 행상인들의 빈 수레가
붉은 포장 둘둘 감은 채 길옆에 비껴서 있다
저들도 생의 어딘가에 뚫렸을 작은 구멍 때문에
이곳까지 밀고 올라왔겠지
밤이 되면 구멍마다 전구를 달고
바싹 달구어진 상처를 찍어내는 것이겠지
말라버린 붕어빵을 옮겨 담던 손끝이 떠오른다
낙엽 한 장 소리 없이 갈라놓는 아침
숨소리마저 겁나는 아침이다

단무지

포장마차로 벌겋게 달아오른 골목
김밥에 넣었던 것일까
쓰레기통 입 가장자리에 붙어 있는 단무지
여자에겐 다리 맵시가 상품이야
가뭄에 꼭지 배배 틀려도
무는 어쩌다 오는 한 줄기 비에도 꿈을 놓지 않았겠지
속이 차오르면 누구나 다른 생을 꿈꾸어 보듯이
단. 무. 지. 라는 완전한 생을 선택한 듯했지만
아름다운 저장을 기대한다는 건 얼마나 어리석은 일인가
소금에 절여지며 몇 번이고 다짐했던 각오
온몸에 스며든 짠맛으로 버텨냈는데
잘린 채로 여기저기 버려져 있다
저 단무지도 김밥 속에서
오돌오돌 달콤짭짤한 맛을 내고 싶었으리라, 세상은
단무지 없이도 김밥을 먹을 수 있는 사람들이 있는지
누군가 슬쩍 단무지를 빼다 버렸다
광장에 서성거리던 사람들
단무지처럼 쭈그러진 모습을 하고

포장마차 알전구 밑으로 모여들고 있다
지금 무밭에는,
뿌리를 잃은 역청의 꿈들이 시들어가고 있겠지
조금 전부터 내리기 시작하는 눈
희디흰 손으로 살살 역 광장을 쓰다듬고 있다

물고기좌 이 선생

— 물 한잔 드릴까요
— 아뇨, 몸을 쥐어짜면 물이 쏟아질 것 같아요
약도도 없이, 며칠째
사기치고 도망간 박씨를 찾으러 다녔단다
넋 나간 눈동자에 눈물지도가 보인다
쑥 들어간 눈두덩이 가슴으로 걸어나왔는지
앙상한 뼈 위로 뽕브라 젖무덤만 덜렁하고
눈가에서 가슴까지 길게 길이 나 있다
얼마나 돌아다녔기에 명치끝에도 산동네가 생겼을까
허리 굽은 길이 능선으로 수없이 넘어간다
저 길들을 얼마나 걸어왔을까
나무 그늘 아래 두 다리 편하게 널어 보고 싶어요
그 돈이 어떤 돈인데,
검은 하늘에서 물고기 가시가 쏟아진다
아가미 하나 붙여 줘야만 숨쉴 것 같은 가슴팍
박씨가 파놓은 등골 웅덩이로
무너진 지느러미를 끌고 간다

빙어

겨울 도시 귀퉁이 잡고 토하는 사내가 있다
어떤 모진 생선 먹었는지
지느러미 끝 다시 세우는 비린내
바람의 가시뼈 되어 콧속으로 박힌다
우리가 물고기 모습으로 생명을 얻었다고 했나
아직 전생 기억으로 사는 사람들이 있어
언젠가 먹었던 동족을 올리는 것은 아닐까
저리도 토해내고 담으려고 하는 것은 무엇인지
호수라도 찾고 있는 건 아닌지
사내 몸 위로 얼음 호수 비늘이 떨어진다
아! 얼음 물고기였구나
평생 감지 못하는 물고기 눈으로
쏘다닌 거리, 도시 낚시꾼 썰매 자국 선명하다
얼음 구멍을 찾지 못해 화석이 되어 가는 등 위에
하얀 지느러미가 삐져나온다
살갗에 비늘로 돋아나는 소름, 소름
제 손바닥으로 양볼을 친다
아가미가 있던 양쪽 볼에서는
탁! 탁! 탁! 탁!
빙어 꼬리가 물결을 펄떡인다

퇴근 버스 안에서

일몰의 선착장
바다를 헤쳐온 배들이 쿨럭이고 있다
어딜 떠다니다 몰려들었을까
북어 굴비 과메기
잘 절여진 어족들이 소금꽃으로 화려하다
팔딱이던 아가미 하나마저
파도가 틀어 놓은 뽕짝 소리에 절여졌는지
뼈마디에서 빈 달구지 소리가 난다
퇴근 버스 손잡이에 매달려
나는 비린내로 얼어붙은 북어다
세상을 향한 눈 백태로 박혀 있어도
빳빳하게 서 있는 북어다
등뼈에 엉겨 붙던 살점마다
황달이 든다
새벽 하늘 열리면
해장 뚝배기 속에서나 이 몸 풀어헤칠까
툭! 마른 귀에 꽂히는 뽕짝 소리만 남고
버스는 출렁이며 떠났다
해거름 바빠진 등 뒤로 좇아오는
소금 바람의 혀가 소태나무 껍질이다

연탄

구멍이 아홉 개 뚫려서 구공탄이라고 했지
새까맣게 속이 타들어 가는 것을 막으려고
그렇게 숨구멍을 많이 만들어 놓은 건가
아니!
한 개의 숨구멍으론
그 열정 다 사를 수 없어서 그리했나 보다
더 많은 숨을 쉬며
더 활활 타오르며
어둡고 추운 이들을 위해
내 살갗 태워도 된다는 생각에
오래 가기보단 순간을 택했으리라
그래!
차라리 타오르려거든 더 활활 타올라라
너의 방구들로 찾아든 이들에게
마지막 모든 것
미온의 정까지 주려무나
바람도 없이
너의 모든 소원이 하얗게 될 때까지
그냥
소모품이 되어 버려질지언정

밤이면 떠오르는 것이 있다

낮에 쓰다만 지필紙筆들이
골목 좌판에 지친 엉덩이를 들이밀었다
미처 이루지 못한 하루를 품에 넣고
한 번씩, 몰아치는 단속 바람을 피해 자리 잡은 터
무명 유적이 엉성한 몸으로 밤을 밝히고 있다
삐걱거리는 허리를 굽혀 대는 풍선 인형 아래
낡은 붕어틀에서 생을 찍어 내는 퇴임자
못다 이룬 황제의 꿈, 오뎅 국물 끓어 넘치고
누대 속앓이가 순대 속으로 풀어진다
무너진 성터 불빛에서 떠오르는 이 모든 것이
절망 손가락에서 빠져나왔다고 한다면
우리는 살아내야 하는 나머지 쪽을 보게 된다
가르마를 반대로 돌리는 황사 바람이 있어도
다시 끌어당기는 다부진 기사 손이 있어
몇 날 며칠 빈 통장을 수없이 긁어 보는 간절함
저리도 빛나고 있는지도 모른다
분명, 응답이 있는 숫자를 쌓아가는 빛이리라
흩어진 붕어 가족이 함께

엉덩이 부벼댈 수 있는 창문의 빛이리라
고대의 틀에서 빠져나온 붕어 입에서
검지만 뜨겁고 달콤한 팥 앙금이 쏟아진다
지금 바라고 집중하고 있는 이 순간처럼
밤이면 떠오르는 모든 것은 갈대 속 빈 골목처럼
뼈 없이 꺾일 때까지 조용히 시간을 비워 내고 있는 것
그리고 바람에 흔들리면서도 질기게 가는 것

터미널의 해

서울 동쪽에는 일찍 해가 뜬다지
양지라서 몰려든다지
햇빛 한 조각씩 들고 퍼즐처럼 앉아 있는 사람들
어디로 떠나는 꿈을 그리며 모였을까
날짜 변경선에 머물며
일수 도장을 뽁뽁 찍어 나가는 사람들
내일은 미수금으로 남은 퍼즐 구멍이다
옆자리에 펄럭이는 퇴원 서류
아이 손을 조몰락거리다가
눈가를 만지작거리다가
버스럭거리며 읽고 또 읽는 손
들어오던 빛, 그늘이 되어 눕는다
심한 선고라도 받았는지
빛은 어둠을 더 어둡게도 했다가 환하게도 하는데
빛 한 줄기라도 잡으려는 듯 낱낱이 살피는 저 모습
퍼즐이 맞추어진다, 여러 해 전 받았던 선고……
위중이란 시간을 잘라내는 일
서서히 내려앉는 그림이 있다

이어졌던 옆 퍼즐 하나
그림을 채우기 위해 떠난 자리에 빛 조각 틈이 생긴다
양지에서 분양받은 것이 무시로 번식되어
어디에선가 퍼즐이 완성되겠지
양지바른 앞마당 그림처럼 해처럼

황제펭귄

유모차에 폐지를 가득 싣고
기우뚱기우뚱 도로를 횡단하는 할머니
종이가 불 붙지 않아도 사람 온기보다 따스한지
연신 들춰 보며 웃음 가득 머금었다
저 순간 종이는
할머니의 훈훈한 온돌방이며
뜨끈한 돼지국밥이다
어느 엄숙한 불공이 이보다 진지할까
모두가 얼어가는 세상에서
몇 겹씩 받쳐들은 저 몸으로
펭귄 알이 되어
스스로 발등에 얹어 놓고 지내는 연명
살아 내야 하는 구차함이
아파트 한 귀퉁이에 폐지로 쌓여간다
봄이 되면
노란 개나리가 햇살 밥상 차리겠지만
그때까지 지켜 내야 할 삶의 의무는
무엇보다 원대하다
황제펭귄이 알을 품고 있는 그 순간처럼

2부

느티나무 사진관

계룡시 공원 입구에는
느티나무 부부가 운영하는 추억 사진관이 있다
— 우리 집사람을 이 밑동에서 처음 만났어야
느티사진관 나무 의자에 앉아 있는 할아버지
어떤 사진을 맡겨 놓으셨기에, 망연히
하늘가지 끝에 달려 있는 잎사진을 뒤지고 있을까
아내의 젊었을 때 얼굴을 찾으러 온 것일까
서랍장 깊이 넣어 둔 앨범을 더듬는다는 건
내 속에 꺼져가는 푸른 재에 입김을 불어넣는 게야
마음 아궁이에 生 불씨 하나 세우는 것이지
60년 전 마음을 찾아주려는 듯
할아버지 눈길 따라 느티 가지 사이를 돌던 바람
사진 한 장 골라 발등에 얹어준다
오백년 동안 찍어 온 사진들을 걸어놓은 마당에는
가족사진을 찍기 위해 기다리는 사람들로 와짝하다
나무 의자에서
돗자리 위에서
저마다 추억을 걸어두기 위해 열심이다
강중거리는 사내아이 신발 뒤꿈치에서도
뽁뽁뽁 셔터가 터진다

광합성 작용

물관과 체관은 아담과 이브이다
에덴동산에서 가져온 나무 심지
뿌리에선 물을
잎에선 양분을
꽃과 나무에 생명을 주는 아름다운 분업
햇빛이 파놓은 초록 동굴을
함께 부둥키고 걸어가는 길이 있다
몸이 되고
나이테가 되고
세월이 되고

잉태의 꿈을 꾸게 한
한여름밤의 뜨거움 뒤끝
주렁주렁 삼킨 열매를 토해 놓다가
붉게 타오른 낙엽의 넋을 품다가
매서운 서리를 견뎌 내다가
생기는
마음의 옹이 속

겨울을 넘긴
새순의 견딤이 있고
근심 가득한
외다리로 버텨 낸 힘이 있고
화려한 걸음 후
손 툭툭 털어내는 허탈함도 있고

이 모두
에덴동산을 뒤로 한
아담과 이브에게 내려진 부단한 일
그럼에도
두 몸이 한 몸처럼 살며
숲을 아름답게 키워 내는 길이 있다
위대하게 스며드는 그날까지

중독

詩어잡이라고 쓴 깃발 꽂아 놓고
대어 기다리는 낚싯배처럼
큰비 다음에 온다는 그것을
깃대 끝점, 로마 입성 날로 정하자
안토니우스를 품에 넣은 클레오파트라 요부 기질
포획물 잡았다 놓았다
결국, 왕의 아들을 잉태하는 일
어둠을 앞세워 사냥 나선 밤 고양이 눈 가지고
왕을 얻기 위해 어떤 작전 폈을까
요부 젖가슴 열 무덤쯤 만들어
어눌한 듯 물렁한 표적에 들이밀었을 것이다
세 치 혀에 안토니우스 올려놓고 출렁이었을 것이다
그 속살 수천 번 더듬다가
땀에 절도록 詩바다 황녀 꿈도 꾸었을 것이다

로마 꿈 정상에서 헤엄치고 있는
고래를 잡아타고 수천 년
詩 사물 넘나들었다는 내공은

물렁한 가슴팍에서 일어나는 삼투압 현상
산이 바다가 되었다가 바다가 산이 되었다가
세상이 하나가 되어 내 안에 있는 것도 같은데
쩌렁쩌렁한 노스님의 외마디
산은 산이고 물은 물이다
어눌하고 물렁한 것엔 중독성이 있다
클레오파트라 유혹에 걸려든 詩 맹독성
아름답고 화려한 마지막 각인
치명적 입질

해 따라잡기

책갈피 사이에 잡아 놓은 개미 어디로 갔지
분명, 어젯밤 바글거리는 것 보았는데
밤새 어떤 역사 있었기에 보이지 않을까
요것들 잡아야겠다, 돋보기 들고 보니
등 뒤에서 개미가 줄을 서서 가고 있다
보이는 것만큼 알고 살라는 이 나이에 받아든 선물이다

가시 족적일지라도 개미 줄 따라가 여왕개미 잡고 싶어
층층이 쌓아 놓은 개미성 같은 시집들 한 자락씩 들추다가
좁아지고 좁아지고 소실점이 되는 개미굴
책 속 불개미가 공룡 되어 머릿속으로 들어가는지
바글거리다가 쿵쿵쿵 발걸음 소리 들리다가
여기저기 별 무덤 생기는 것도 같은데

언젠가 했던 돋보기 놀이 생각난다
햇빛 끌어들여
묵은 볏단이지만 불꽃으로 활활 타올랐지
동네 사람들이 다 나와 소리질렀지

지금도 키우고자 한 그곳에 해 따라잡는다면
볼 수 있을까
그 불꽃, 그 함성

시작詩作

그늘, 하나
이용해서 전체를 나타낸다
나에게 너는 미술실 비너스
자리 옮길 때마다 변하는 그늘
그 어두운 곳 따라가서
깊게 높게 각을 만든다
더 깊게도 더 높게도 하는 건
너를 생각하는 만큼
그리움 키우기
여백 만들어 기다림 크기도 주지만
날리는 목탄이 그늘집을 넓힌다
빛과 바람이 모의하여 낯설게 하니
어제 만난 너와
오늘 만난 네가 달라
나는 지금 지우고 있다
코를 지우고 턱을 지우고
빛이 가리키는 쪽 따라
지우며 간다

마음 그림은 루브르박물관에 있지만
입성하지 않는 무명으로
수천 년 버틸 것 같던 비너스
드디어
얼음 같은 칼날을 쥔다
그늘 한 점 뚝 뜯어내니

콧날 성큼 일어섰다

단풍어장

수덕항구에 단풍어가 몰려왔다는 소식에
온갖 장비 갖추고 서둘러 배를 띄웠다
입구부터 깃발 단 색색의 배들이
앞질러 축배를 들고 거나하게 움직이는데
아직 이른 전령이 알려주었나
단풍어는 푸른 수초 사이 잠깐 어른거리기만 할 뿐
먼 곳에서 오고 있다는 소문만 우수수하다
닻을 내리던 손
지느러미 칼등 세우고 어장 탐색을 한다
떫은 감을 터는 작대기 마음이 되는 어부들
길가에 밀려나온 단풍어 한 마리
식탁 위에 올려놓고
허탈 웃음만 짓지만
그래, 어느
산속 가득 산해진미가 무엇에 비교될까
내 손바닥에서 팔딱이며 빨갛게 물들어가는
단풍어 한 마리
족하다는 말이 입안에서 막걸리로 흥건하고

마주앉은 마음에 단풍 물이 곱게 든다
예부터 꽃, 꽃 해도 인꽃보다 못하다고 했던갸
곳곳에서 분 향기 풍기는 콩밭의 마음들이
낚싯대 드리운 물가에서
다다르지 못한 색색이 단풍어가 되어
미끼를 놀리고 있다
풀풀 날리는 춘삼월 같은 시월의 여심
눈 한가득 출렁이는 가을 바다
꼬리 흔들며 흐르는
단풍어 한 마리

기도

새벽 성당, 성모마리아 앞에서
동그랗게 등을 말고 기도하는 할머니
언제부터 저렇게 있었을까
말간 가슴이 오그라져
풀 위에 앉은 이슬입니다
바람이라도 불으면
또르르 굴러버릴 것 같지만
풀 끝에 매달려 있는 저 간절한 마음
— 이 나이에 날 위해 기도할 게 뭐 있나
　남는 놈이 안타까워서

온몸 다 무너져 내리고
눈물만 남은 물방울 가슴입니다

기도할 때는
이슬처럼 해야 하는 건가 봅니다
톡 건들면 사라질지 모르지만
해 뜨면
그 소원 제일 먼저 상달되겠지요

자반 고등어

검은 나무토막 위에
가슴 쩌억 벌려 놓은 채 고등어가 누워 있다
뱃속, 하얗게 소금 쓸어 놓고
세월을 염장하며……
남해 푸른 물결 가르던 자존심
성난 파도조차 살살 달래던 고등어가
지금 살신성인 표정으로
또 한 번 자존심을 세우려고 하는가
하얀 막이 눈에 씌워져 스스론 판단 불능
장사치들 흥정 속에서도
자반고등어의 싱싱한 허리는
더욱더 꼿꼿해지고 있다

상한 자존심은 쓰레기통에 내다 버리면서

문지방

어릴 때 문지방에 올라서면
복이 나간다는 할머니의 불호령
밟고 설 수 없는 곳이란다
한 뼘 차이로 금기되는 그곳이
사람과 사람 사이에도 있다
경계를 알리는 높이
더 이상 침범하지 않아야 하는 문턱이다
안과 밖, 다름의 경계다
우리는 그 턱을 얼마나 존중하며 살까
한 번쯤 발걸음을 멈추게 하는
한 뼘의 높이, 생각의 턱이다
누군가의 마음자리를 빌려 쓰면서
편한 적은 없었는지
내 문지방을 누군가에게
내준 적은 없었는지
세상에 하나밖에 없는 너
내 문지방에서 내려서도록 야단친다
할머니의 불호령처럼

하루하루

방안에 빨랫줄이
양 모서리를 당기고 있다
하도 붉고 굵어 금방이라도 터져 버릴 것 같은
동맥 줄에
일상에서 돌아와 지친 나를 벗어 널면
곰팡이 피어나는 마음 도배지에
양파 냄새 스며든다
벗겨 내고 벗겨 내고
벗길 때마다
어제와 같은 모습으로 오늘이 앉아 있다
어제가 오늘 같은 파도
양파를 벗겨 내는 손길이
이별과 만남의 일상으로 앉아 있다
어제를 보내고 오늘을 만나는 나날은
서로 다른 생체가 아니다
양파 속 같은 한 몸이다

고래는 마음의 안식처이다

할아버지가 피노키오를 찾아 헤맬 때
고래를 만나지 않았다면 어떻게 되었을까
거짓말만 하면 코가 커진다는 피노키오
늘어지고 늘어진 그의 코에
넝쿨이라는 이름이 생겼는지도 모르겠다
안데르센 아름다운 예언
피노키오 피노키오 피노키오……
수 세기 동안 넘쳐나는 거짓말
넝쿨로 넝쿨로 내려오기 시작하였다
스스로 미화시키는 능력까지
장미꽃을 달고 집집의 담장으로 나타났다
가시 박힌 붉은 유혹
거짓의 덫, 둘레를 친다
유혹에 걸리고 걸리면 당나귀가 된다고 했던가
거짓말의 종이 되어 버리는 사람들
덩굴을 몸에 감고 불편한지도 모른다
이제, 제페토 할아버지를
제페토가 있다는 고래를 찾아야 한다

고래 뱃속에서 피노키오를 기다리고 있을
심지 불 하나를 세우고
우리를 기다리고 있던 빛
물속에서도 꺼지지 않던 강한 힘
아버지의 사랑, 그리고
피노키오의, 진정한 우리의 반성이 있었다

누가 비 오는 밤에 비상등을 켜라고 했는가

비상등에 불이 들어왔다
벌건 대낮이 넘어지며 순식간에 토해 놓는 검은 물
경계가 무너지고 강이 된다
바닥을 한 몸으로 이어가듯 꾸물거리는
거대한 물뱀 같은 것이어서, 한 번씩
꿈틀거리는 불꽃 부위가 있어 살아 있음을 알 뿐
숨소리만 갸르릉거리는 정적, 19금의 그것처럼
수증기 가득한 유리 안에서
물기 송글한 엉덩이를 밀착시키는 붉은 유혹
번뜩이는 것엔 어느 정도 끼가 있는 곳임을
후천적 촉각이 전신을 덮는다
물러나라고 밀치는 팔뚝 하나의 거리를 뛰어넘고 싶은 건
전생까지 볼 것 같은 두 눈으로
문초하며 홀리는 반복적 힘 때문은 아닐까
귀신 놀이를 하며 썼던 이불 속에서
두 눈 말똥거리던 두근거림
오늘 역시 그날처럼 붉은 빗살무늬 들어간
검은 비를 덮어쓴 밤을 만난다, 그때의 두근거림

불안했다가 집중했다가 몽롱했다가
'턱' 하는 순간, 아찔하고 짜릿한 전율이 흐른다
누가 비 오는 밤에 비상등을 켜라고 했는가
때론, 그것이 유혹될 수 있다는 것을
순식간에 4중 충돌이 일어났다
물짐승이 끌어당기는 어떤 거센 힘으로
위기를 알리는 유혹의 신호를 받았을 것이다
사고 후 아주 어이없지만 진심 같은
변명

허물

몸속에 안개가 가득한 아침
훌러덩 뒤집힌 옷, 웅크린 채 쳐다본다
여러 날 함께 했건만
무슨 더러운 거 묻은 것처럼
벗어던진, 어제 오전이 기억난다
꼬박 자고 난 하루
저 아이는 저렇게 있었구나
내내 얼마나 많은 생각을 했을까
아마도 다음엔
함께 길을 나서지 않을지도 모르겠다
끝이 좋아야 한다는 건
귓속에 문신처럼 새긴 지 오래건만
쉬운 건 잊히는 건가
삼대에 걸쳐서 새겨 넣은 내 마음을 뒤진다
온몸이 이렇게 무거운 건
쌓아 놓은 마음이 있어서 그러리라
그래서 어제 널 그리 벗겨 냈을 거다
가벼워지기 위해 누군가에게 아픔을 준다는 건

또 다른 무게의 자물쇠가 달리는 일
둘 만의 비밀을 가지기 위해
울타리에 자물쇠를 거는 곳도 있다지만
그건, 버려진 열쇠가
평생 달고 다녀야 할 무게이다
긴 생을 따라오던 속삭임이
무거운 허물로 웅크리고 있는 아침

외다리 가로수

덤프 트럭이 다리를 잘라 간 후
어미의 아름다운 고통까지 포기해야 했던 그녀
몇 삽의 흙덩이에 의지한 몸에도
나이테는 자라나고 있었다
가슴에 남겨진 다리만으로 잉태의 꿈을 키운다는 건
얼마나 큰 고통이었을까
머리카락 엉성해진 모습으로 누워 있다
실한 나무 되라 주렁주렁 링거만 매달아 주었지
버틸 두 다리 빌려줄 생각하지 않았구나
다리 대신 고무줄에 감겨 있던 상처들이
목발을 짚고 이리저리 뭉쳐 돌아다닌다
쿵! 가슴 한쪽 뭉개 떨어진 환한 훈장들이다
한 줄 한 줄에 새겨진 각오를
겨울나무는 머리카락 잘라내며 가르치려는 것일까

모퉁이

돌아나가는 녹색 치마꼬리가 보인다
어느 누구의 꼬리가 잡힌 걸까
은행나무 길모퉁이
휙 감도는 폼이 어지간히 급한가 보다
무엇을 감추고 가는지
앞품을 보지 못했지만
아마, 한여름 동안 안고 있었던
뜨거운 날들이리라, 뜨거움이란
이 나이에 또 하나의 미련으로 남아 있지만
때론, 돌아설 수 있는 모퉁이가 있어서 다행이다
진록의 여름도 돌아서는 순간이 있어
온전한 가을로 남아
노란 은행알을 영글게 했겠지
늦더위 계절이 9월의 모퉁이를 돌면
미처 치켜세우지 못한 마음
또루륵 떨어진다
치마꼬리에 매달렸던 노란 은행알
길 가는 할머니 손에 잡힌다

불면

양을 세어 보라고 하지 하얀 양을 세다 보면 눈 내리고 머리가 더 차가워지지 급기야는 한 마리 잡아 양털을 깎기 시작하지 바닥에 버둥거리는 머리 들었다 놓았다 하지 둘둘 밀려나오던 양털이 뜨거운 가슴 안에서 실을 뽑기 시작하지 뜨거운 물주전자 빠져나오던 꼬블꼬블 스웨터 실, 어머니 손에서 밤새 감겨 나오듯이 할머니를 이기고 어머니를 이기고 나를 이기려고 하지 매번 지는 게임 나에게 빛줄기 한 점 뜯어다 벌점을 주지 술술 풀리는 눈 흰자위에 주는 빛 침 머리에서 슝슝 날아다니는 별을 세다 다시 실을 감아올리지 머리에 올려 주고 등 위에도 올려 주고 덕지덕지 밤을 눌러붙이지 밤이 흘러내리지 못하게 칭칭 감아 보지 밤새 털실 둘둘 감은 양, 빛에 찔린 눈 아파서 눈을 감지 양 한 마리 놓쳐 버렸지. 밤새 풀어 놓은 실타래를 어머니가 두런두런 털양말 짜서 신겨 주지 따뜻한 품이 그리웠던 거지 외눈박이 아픔이 여기에 있었던 거지 빛벌에 쏘인 외눈으로 밤새 키운 낮 꿈을 꾸지

어느 장례식장

저승길에 내놓은 신발인가
풍성하던 가지 끝에
짚신 두 켤레만 걸려 있다
밤새
웅성웅성 바람 발걸음 소리 들리는가 싶더니
은행나무 댁에 초상이 났었나 보다
어느 소문난 집 장례식장인가
나무 둥치 아래
여기저기 흐트러져 있는 조문객들 신발
발 디딜 곳 없다
무겁게 짓눌렀을 삶의 고리
하나씩 풀어내려는지
못다 춘 춤을 마저 추고 있는 노란 영혼
환한 가벼움 싣고 떠났을 시간이
오늘 따라
가지로 남아
빳빳하게 하늘을 찌르고 있다
몸속에 숨겼던 노란 울음
다
쏟아내려는 듯

3부

이정표

마음의 신발 어디로 향해 있는지
천변에서 보이는 고속도로가 휑하게 다가온다
이적, 무엇을 놓고 가려 했는가
잊힌 번지만 있었지
아직도 남겨진 문패 더듬거리는 마음이
저기 저렇게 수없이 해대는 오리의 입질과 같은 것인가
생을 잇기 위해 이어가는 습관이라면
이 또한 나무랄 수 없는 일이건만
길섶의 해 넘긴 갈대들은 꺾인 몸으로 손을 젓는다
며칠간 이어지는 봄 날씨에 마음 풀고 나왔더니
아직 묶여 있던 추위가 제맛을 낸다
빈속에 성난 청양고추 먹은 것처럼
명치끝에 가라앉아 있던 모래알들이 곤두서 비벼댄다
한 며칠 단단히 품을 사려나 보다
무쇠 강철 녹슬 만도 할 텐데
속으로 기어들어 오는 바람 피해 자라목 하다 고개 들으니
고속도로에 녹색 이정표가, 또렷하게
마음을 읽고 서 있다

설화

사람 곁이 그리워지는 늑대의 시간이다
북쪽 하늘에 푸르스름한 눈발이 생기고
가슴산 골에 갇힌 경계에서 빠져나오는 바람
오래 가라앉혔던 앙금이 분분해져
둔탁해진 마음에 괭이질하는데
얼음 풍경 소리가
아름다운 설화로 피어났을 때
누군가가 밟고 지나간 발자국
그제야, 싸늘하게 남겨진 아픔을 안다
한 번쯤은 생각이 날까
족적이 절름발이의 그것처럼
깊이를 달리하며 따라왔다면
분명 쓰다듬는 손이 있으리라

비행기가 해 저무는 눈밭을 가르며 간다
고향 하늘로 쫓아가던 발자국
붉은 설화로 피어난다
어느 때보다

더
시리고
뜨거운

사진—균형

이른 밤하늘에 달
그리고 산,
그 사이로 부드럽게 흐르는 강
미처 걷어 가지 못한
해그림자가 있다
푸르게 깊어가는 강 같은 사진
아마도
저 푸르스름한 달빛이 좋아
내 안의 그림으로 내보였겠지
그러나
잘 잡힌 사진에 사람이 없다
저만치 숨겨 놓은 마음뿐이다
간간이
창가로 찾아오는 푸른 달이
가슴에 귀를 대어보아도
흐르는 건 강물 빛
저 속에 던져놓았나
이 시간도
저 깊은 강은 소리가 없다
푸른 여백에 달빛만 찰 뿐

갑오징어

며칠 내내 오는 비
장마에 갇혀 버리는 내가 싫어
투명한 우산을 샀다
유리 밖 하늘은 거대한 수족관
난 그 안에 연체동물
파도에 흔들리는 수초 잎을 젖히며
하늘이 밀물처럼 들어오니
사람 人, 우산살 사이로 헤엄치는
갑오징어 한 사람을 본다
서로 기대어 살아야 한다
우산이 던져주는 물 젖은 아우성
언제부터 혼자 키워 오던 생각인지
거리를 두고 다가오던 외로움
차가운 석회가 되어 박혀 있다
그걸 빼내면 아마 형태를 잃겠지
외로움도 그리움도 그 실체는
내 마음의 물 뼈이다
비 그치면 사라질,
나는 기꺼이
싸늘한 물 하늘을 헤치고 간다

목련

툭 투둑, 누구세요? 이른 것 아니에요?
간밤에야 몸을 틀었는데
콧잔등 내놓고 겨우 숨쉬었는데
삐걱 내다본 거리에 이미 질펀하게 떨어진 흰 주검들
억센 갈퀴에 끌려가고 있다
낙화라면 질색인 경비 아저씨
꽃비를 된통 맞았던 적이 있었던지
미처 얼굴 내밀어 보지도 못한 모가지들을
뚝 뚝 분지르고 있다
한겨울 기다림이 불쏘시개가 되어 사라져 버리는 아침
봄비는 밤새 헛손질만 하였나
예전에 비 오시는 소리 나면
호박꽃 질까 봐 들락거리시던 아버지
아침상, 조연급 애호박을 위해서도
비닐 우산 씌우셨는데
경비 아저씨 손길은 너무 거칠기만 하다
아악 소리 한번 지르지 못하고 넘어져 있는 꽃눈들이
떼굴떼굴 눈알을 굴리며

아저씨잠깐이었지만전목련이었어요

봄의 우체통

꽁꽁
얼었던 겨울 보따리 사연이 풀려
봄 우체통 속에서 기어나온다
첫사랑의 꽃편지지가 펼쳐지자
꽃바람을 타고
까르륵 까르륵 웃음소리가 뛰어다닌다
비발디 사계 바이올린 선율이
꽃비가 되던 날
벚꽃 터널에서
우리는 모두 문학소녀가 되었지
바람이 휘익휘익 써대는 꽃글들이
다 내 마음을 이야기하는 듯
아쉽고 저린 날들

봄을 타고 온 꽃편지가
봄 우체통에서
추억의 실 가래로 뽑혀 나온다
기억 속의 城이 벚나무 사이로 스며들어
눈시울이 자옥하다

울타리

나팔꽃이 매달린 나무 담장 사이로
뜸벙 뜸벙 집 안이 보인다
주인장의 어눌한 손놀림이
담장 아래서 끔뻑이고
우리는 그곳이 경계임을 안다
들여다보던 발등에
나팔꽃 한 가닥이 고개를 젓는다
눈에 들어오는 것이 다 내 것이 아니듯이
집과 울타리의 관계는 일종의 형식이다
허름한 형식이 지켜내는 힘
한 번쯤은 저 틈으로
조각난 세상을 맞춰 보곤 했겠지
이 빠진 퍼즐을 찾으려
모진 마음을 가질 때도 있었겠지
마지막 여름을 지키기 위해
목청을 높이는 매미 소리가 나팔꽃에 앉는다
모질게 내모는 마음이
울타리에 걸린다

해거름

하루가 노을빛으로
저리 뒤척이다 갈 수 있는 건
떠나면서도 채워지는 강이 있기 때문이다
해거름에 빠져나가는 강물
소리 없는 색으로 가라앉을 때쯤
나, 강, 하나의 풍경이 될 수밖에
스며들지 않으려면
燈이라도 들고 있어야 한다
빈손 들여다보니
강 뿌리 같은 손금마저 흘러가는 듯

아직 서성거리는 노을
어둠 보자기에 싸서
산 너머로 어서 넘겨 버리자

가을비

밤새 오셨다 가셨나요?
전
당신을 기다리다 맥없는 팔을 늘어뜨린 채
풀숲에 기대어 혼절하였습니다
밤 내내 당신이
절 깨우는 것도 모른 채……
차가운 입술을 대는 것도 몰랐습니다
살살 제 팔을 흔드는 것도 몰랐습니다
여러 날 당신을 기다리다
푸른 영혼이 너무 지쳤었나 봅니다
맑은 하늘 아래서
신열로 누렇게 떠가는 이 몸을
오로지
당신만이 거두어 갈 수 있으리라
당신만이 새 생명을 주시리라
믿고 기다렸는데
밤새 소리소문 없이 왔다 가셨군요
해가 뜹니다

또
다시
달아오르는 산야 속에서
가라앉히지 못하는가슴 누르다가
타오르다
타오르다 풀숲 어딘가에서 그리움을 안고 떠나겠지요

그때

또 오시렵니까?

잉어의 자유와 까치의 둥지는 무엇일까

어둠이 싫어, 밤새
둥지 속에서 뒤스럭거리던 까치
갑천이 불러 놓은 아침에
울먹이는 반가움으로 깍깍거린다
혼자이지 못하는 까치 습성은
나의 무엇과 비슷한지 꼬리를 흔들며
떠날 줄을 모른다, 사철 그곳에
둥지를 키워 내는 까치를 보다가, 문득
공주 마곡사에서 마지막 혼을 태운
화가 나혜석을 생각했다
정수리에 박힌 여인화를 지워내고
버선 속 발을 사양한 자유
마곡사 경내를 흐르는 잔잔한 물길 속에
잉어 밥으로 펄떡임을 보았다
그 더운 피를 식히느라 행려자를 택한
그녀가 돌아누운 갑천 물은
늙은 할머니 축 늘어진 젖무덤처럼
어디에서고 살아 있는 것은 멈추어 있다

잉어의 자유와 까치의 둥지는 무엇일까
잉어 등비늘 반짝이며 퍼덕이는 순간
둥지를 틀던 까치는
더욱더 아침을 시끄럽게 틀어쥔다

둑방집 딸들

친구 민순이는
둑방 밑에 살던 우리를 그렇게 불러 놓고
아무도 좋아하지 않는 그 말을
소주에 타서 홀짝홀짝 마셨다
빵빵하게 부풀어 오르던 흰 칼라 소녀들이
날려 버린 풍선 아래에서 새우는 밤
톡 튀던 맛도 없는 바람 빠진 가슴을 쿠욱 찔러대며
이년 저년
썩어가는 말 속에서 밤은 곰삭아 간다
한 번씩 웃을 때마다
가슴에서 빠져나가는 바람을 보면서
또 한 번 방바닥을 뒹구는 웃음
둑방집 딸년 1. 2. 3. 4.
조려 놓은 꽁치 조림 위에
얼굴 파묻으며 젓가락 전쟁을 했다
한때, 쉬는 시간 5분만에 도시락 까먹던 실력
우리는 다시 꽃띠였다
희미한 거실 등 아래서 꼴까닥 넘어갈 수 있는

아직 빵빵한 소녀였다
거실 창 밑에서 하얀 풍선이 올라오고 있다
둑방집 딸년들 웃음소리가
토끼풀 피어 있는 둑길을 날고 있다

돼지 저금통

쇼윈도우에 걸려 있는 붉은 옷이 좋아
몇 날 며칠을 꿀 발라 놓고서
신발 한 켤레 다 닳도록 개미 줄을 이었다
붉은 꿈만 꾸다가 옷 그림만 그리다가
도리 없이 돼지 저금통 하나 샀다
수도 없이 동전을 삼키지만
늘 배고파하는 그놈을 바라보며
어서 빨리 새끼를 낳으라고 재촉을 한다
무표정한 마네킹에 걸쳐 입은 붉은 옷은
속절없이 색이 바래가지만
뱃 속을 채워 가고 있는 저금통에게
어서 빨리 속 드러내어 박제가 되라고 한다
꿈도 넣고
시간도 넣고
날개도 넣어야
저 붉은 옷을 살 수 있을까
쇼윈도우에 마네킹은 여전히 무표정하지만
오늘도 돼지 저금통 뱃속을 열심히 채우고 있다

달팽이 외출

부슬비 내리는 날
달팽이 외출은 시작된다
흔적을 돌아보기 위해
은빛 시간을 그으며 가고 있다
아주 조금
꿈틀거리며 먹어치우던 日記를
이제는
흙 위에 토해 놓으며
나이테를 벗겨 청춘이 되고 싶은 달팽이
제 살보다 부쩍 커지는 등판을 버리고
백사를 닮고 싶어 한다
화려한 줄을 두르지 못하더라도
독만이라도 있어
버려진 시간을 녹이면 좋으련만

달팽이는 맹독을 원하다…… 필사적인

빈 모델하우스

녹색, 거미줄로 이어 나간 지적도를 내보이던
부동산 중개인의 톤 높은 소리가 아직도 맴돈다
펄럭이던 황금빛 깃발과 함께
팔월 햇빛이 쏟아지던 장미 정원이
잎 지운 가시로 빛나고 있다
이젠 발소리 하나 움직이지 않는 이곳에서
줄 하나로 가시 가지에 매달려 있는
그를 만났다
이곳에서 누구를 기다리길래
아직 집을 짓지 않고 있는 것일까
거죽만 부풀려 있는 통통한 자만심으로
외줄로 매달려 있는 저 거미 뱃속
언젠가
거미줄로 줄줄 풀려나와서
집을 지을 수 있기를
혼자 남겨져
한 줄에
매

달
린
거미

밀봉

안쪽으로 깊숙이 파여 있는 해안
영락없는 양푼이다
한 그릇 가득 담긴 푸른 바다에
고명으로 얹힌 물새들
젖은 깃 탁탁 털고 날아오른다
물결 척척 접혀서 들어오는 입구에서
파도가 일구는 소금기 탓인가
눈망울이 자꾸만 아려온다
지워졌다가 수만 번 다시 일어서는 포말
아무리 퍼내어도
해안선에서 더 벗어나지 못하는
마냥 철썩이는 소리밖에 담을 수 없는
큰 양푼에 갇힌 그대 고인 눈물을 보았다
해안 모래사장에 찍어 놓은 발자국을
서너 번의 파도치기로 지워 버린 후
바다는
다시 굳게 잠겨 있다

얼음강

흐르다 멈추어 버리는 얼음
함께 하기 싫어서일까
떠날 때는 작은 돌 사이 헤집고
재잘재잘 예까지 왔을 터인데
머물고 싶은 이는 머물고
떠나고 싶은 이는 떠나는
서로 타인이 되어 버리는 분기점이다
잠시만 쉬어가려는 그를 두고
물은 돌아오지 못하는 곳으로 간다
남은 자에겐
흘려보낸 시간만 있을 뿐
떠난 자는
물 고이는 그곳에서
깊은 바다 되어 있겠지!

해그림자

저만치, 키 맞지 않는 나무 두 그루가
해거름 시간 등에 업고
잔가지 하나 흔들림 없이 서 있다
마흔 하고도 중반의 삶을 생각하게 하는 공원 정취
무풍 시간은 폭풍의 눈이고
해그림자 음영과 길이는 남아 있는 생이다
그대가 밝으면 밝을수록
어둠 크기는 더 진하게 다가오고
자리가 크면 클수록
바닥에 드리워지는 그림자도 그만큼 커진다
저 나무는 나이테 한 줄을 얻기 위해
작은 손끝까지 뿌리 온정이 닿게 하려고
비바람을 얼마만큼이나 견뎠을까
지금, 지는 해 온몸으로 받아
뜻 그대로 길게 드리울 줄 아는
굵고 실한 나무가 되기 위해
시간 침묵을 얼마나 했을까
저 큰 나무 그림자의 몫을 보고

아직은, 작은 나무 잔풀에 얹혀 있는 자신을 본다
그러기에 적막한 이 시간도 두려워짐을 안다
그림자 안에서는 모두가 그림자가 된다
새들도 몸을 숨기고 그 안에서 산다
여러 가지 색깔을 숨기고 하나의 색깔로 산다
해를 안고 사는 아픔을 그렇게 품고 산다

4부

토마토

집앞 텃밭에 돈 되지 않는 웬수들
간밤 장대비에 가냘픈 목줄을 달랑이고 있다
구박에 사무쳐 농익은 빠알간 껍질 위
냉큼 올라앉은 물방울에 갈증이 난다
한 입 쭈욱 목젖을 넘는 시큼한 국물
상처 난 속살 인정사정없이
할머니 뱃가죽 될 때까지 알맹이를 빨아댄다
아이의 뱃가죽은 마알갛게 된다
아침에 토마토 따는 심부름은 즐거웠다

딩동……
토마토 주스 배달이오
아파트 아침은 이렇게 시작된다
어릴 적 상큼한 기대는 사라지고
난 아이들로부터 풋풋한 아침 햇살을 빼앗아 버렸다

파란 대문

달이 지기도 전에 파란 대문이 열린다
마흔 빈손에 덜렁 남겨진 어린 남매
아이 얼굴에 가난이 버짐 꽃으로 피어날 때
느닷없이 불리던 이름
어머니, 서른 해 기도
그렇게 시작되었다
헌 테이프가 찌걱거릴 때도 있지만
두부 종소리처럼 울려대는 불경 소리
아이의 이름이 수백 번 불리고
노란 달맞이 꽃등이 꺼질 때까지
기도하는 파란 대문
입 활짝, 날마다 하루를 빨아들인다
들창으로 해가 어른어른 손짓을 하고
옆집의 대문들이 하나씩 일어나면
부르던 이름 가슴 깊숙이 넣으시고
빗장을 닫으신다
온몸으로 재물 보따리를 움켜쥐듯이

이제는 이름이 어머니를 부른다
어머니가 빗장을 열으시고
노란 달맞이 꽃등이 켜지면
나는 어머니 파란 대문이 된다

마지막 유산

몸 속 어딘가에
무허가 대장간이 문을 열었나 보다
하루에도 몇 번씩 해대는 풀무질
화구통은 분명 가슴속에 있을 것이다
뜨거운 울컥, 갱년기라고 했던가
그 불꽃 심지 타고
얼굴로 달아 올라오는 봉숭아 꽃물
마지막 불도장이라도 찍으려나
대장장이의 망치질 소리 분주하다

내 나이 지천명
아직도 무슨 모난 연장 있기에
이리도 담금질을 해대는가
아마도 할머니가, 어머니가 남기신
여인의 마지막 유산은 아닐까
달아오르는 쇠 하나 삭히는 일
모난 세월 뭉툭하게 벼리게 하는 일
그리고 대장간 문을 아름답게 닫게 하는 일

봉숭아 꽃잎이 마지막으로 흐드러질 때
딸아이도 간직하게 될 꽃물
몇 잎 남겨 가슴에 숨겨 둔다
저리도록 고운 내 분신에게
이 대장간을 물려줄 일이다

가족 풍경

젊은 아낙이 딸랑이 흔들며 못에 걸려 있다
기억이 찍어 놓은 길 위의 사진 한 장
아이 백일 때 쯤인 것 같은데
요람 속 젖 물던 입 오물거리자
엄마 손끝에 피는 개나리 웃음소리
간단한 행복이다
잊었던 행복이다

이십 대를 넘기는 딸아이
순간순간 해바라기처럼 웃고 있지만
사각의 구석 무겁게 걸어가는 걸음도 보인다
그 나이에도 삭혀 내고 있을 삶
울컥 메어지는 마음
살아간다는 것은 이렇게
걸음마다 못을 박아 놓는 것
제 가슴에도 못을 박는 일이다
그러다가
모난 마음 걸어 놓고 웃어 젖히는 일이다

인제는 돌아와 거울 앞에 선* 국화꽃처럼
걸음 멈추고 뒤돌아보니
조용한 풍경으로 기다리고 있는 가족
세상은 가만히 있는데 내가 흔들고 있었구나
초조하며 부단하게 움직이고 두드리던 시간
주름 밭고랑에 묻어 두고
마지막 못에 걸려 있다

연어의 꿈

어쩌다 뭍에 떨어진 연어가 되어
강가를 서성인다
어디서나 물비린내만 맡으면
바람 속에 담겨 있는 그곳으로 향하는, 나
친구들과 멱감을 때
깔깔거리던 웃음소리 들리는 것 같고
강 위로 지나는 기차를 향해
철퍼덕, 물장구 소리 내는 것 같고
송사리가 바짓가랑이 사이로 들어왔다고
엉덩이를 흔들어 대던
일그러진 동생 얼굴이 보이는 것 같다
그러던 그곳, 지금은 각진 차들의 메마른 유형만
언제 두꺼비집을 만들며 모래 놀이를 했던 적 있었던가
기억마저 상실시키는
내 어릴 적 머리 감던 그곳은
끝 보이지 않는 강바닥 밑으로 사라져 버렸다
갑자기, 없어진 아가미가 그리워진다
돌아갈 수 없는 내 생의 유년 시절

아스팔트에 박탈되어 버린, 연어의 꿈
모래 안개 날리며
물속을 헤집고 다니고 싶은 거야
이처럼 그 川을 그리워한다는 것은
고향 젖줄 찾아 돌아오고 싶은 연어이었던 거야

썩은 감자를 갈아서 질그릇에 담다

새벽에 일어나시는 외할머니
소여물부터 끓이신다
짚 냄새 풍기며 아침 열어 놓으시면
외할아버지 헛기침 소리와 함께
닭장엔 홰에서 떨어지는 날개 푸닥거리는 소리가 들린다
너무나 일상적이면서도 당연한 이 일들은
하루도 빠지지 않고 어제, 오늘, 내일을 연다
간혹 흐리기라도 하는 날이면
외할머니 움직임이 둔탁해지고
외할아버지 천식 소리만 높아질 뿐
앞개울 웅덩이에 머물고 있는 파장 없는 물처럼
발소리 없는 햇살마저 뒤늦게 찾아드는 곳이다
매캐한 연기만이 시끄러운 명주군 학산 조씨댁에서는
썩은 감자를 갈아서 우물가 질그릇에 담는다
세상 썩는 냄새를 안고 있는 감자
질그릇 속에서 삭여지다가
몇 날 며칠 맑은 물로 헹구어진다
그러다가 가라앉는 하얀 녹말

맑은 물속에 차분하게 가라앉아 있는 하얀 본심
이렇게 찾아낸다
조씨댁을 방문하는 새벽처럼
감자 녹말이 가라앉을 때까지
흔들지 않고 차분하게, 하루 같은 농가의 나날
이모는 엉덩이에 바람을 잔뜩 넣어 무게 중심을 잡으며
질그릇을 이고 방앗간을 간다
마지막 초심을 찾아서

놋그릇

하얀 서리 내리고
하얗게 밤을 지새우던 날
석유 등불 깜박이는 화롯가에서
무수한
귀신 이야기 듣던
그때엔
당신 사랑을 몰랐습니다.

대추나무 가지에 걸린 하얀 초승달
우리 이야기 귀기울이며
자꾸만
창호지 바른 창틀 밖에서
"여기예요, 여기예요"
낮은 소리로 어정거려도
그때는
당신 무릎 밑에 이야기가
구수한지 몰랐습니다.

그러다
먼 산등성에서 울어대는
이름 모르는 짐승 소리에 놀라 소스라치면
가만히 등 쓰다듬어 주시던
당신의 거친 손바닥이
그때는
보드라운 나의 속살보다 아름답다는 것을
정말 느끼지 못했습니다.

오늘
당신이 생전에 쓰시던 놋그릇
꺼내어 놓고
색바랜 당신 얼굴 예쁘게 단장해 봅니다.
당신의 이야기를 들으며
당신의 사랑을 되새기며
당신의 손길 그대로 전합니다

봉숭아

깨금발로 사립문 들어서자
장독대 뚜껑에 배시시 허리 배틀며
노을에 취해 다리까지 꼬는 봉숭아 꽃잎들
할머닌 절구통에
백반의 쓰디쓴 生을 뿌려 착착 찧어 대신다
쓴맛을 모르던 기다림
뒤늦은 깨달음을
철부지 마음에 물들이려는 듯
잘 이긴 봉숭아 손톱 끝에 소복이 쌓아
무당벌레 등짐장사 시킨다
당신 아픔이 새어 나가기라도 할까 봐
비닐로 칭칭 감아 무릎에 뉘이시며
밤새도록, 후끈했던 할머니 세월 보내듯
몸살하는 열 손가락을 부채질로 달래 주신다
모기 쫓던 쑥 대궁이 사그라지면
당신의 세월
빠알간 사랑으로 기다리고 있다

콩죽

감자를 굵게 썰어 넣고 끓인 콩죽이 먹고 싶다
밤새 열을 내고 앓고 나면
된 음식에 체할까 봐 끓여 주시던 어머니
푹 퍼진 쌀알만큼이나 삭인 정성으로
내 속을 다스려주셨는데
봄이면 까슬까슬해지는 얼굴 쓰다듬으시며
유난히 봄 타는 딸자식 입만 쳐다보셨는데
콩비지 한 그릇 퍼 놓고 앉아
어머니 그 묵은 손맛을 그리워한다
식탁에 앉지도 않고
학교 가는 아이 등에 박아버린 가시 돋친 말
딸아이 볼멘소리마저
콩 비지찌개에 묻어 버린 아침

맑은 안개 눈앞을 스치고 지나간다

되새김질

온 식구가 식탁에 둘러앉아 있다
風으로 비뚤어진 아버지 입술
맞물리지 않는 되새김질을 하며
자꾸만 벙긋거린다
온 가족이 모인다는 건
시간의 탯줄을
거꾸로 돌려 세워 놓는 것
아버지의 되새김질을 보는 것
간간이 옹알이 소리와 함께
이미 할아버지가 된 老 아들, 아이가 된다
누가 누구의 자리에 있어야 하는지
이미 힘없는 자리매김이지만
아버지의 마음 탯줄은 언제나 그 자리
시간을 부지런히 돌리시는 눈에서
아직 놓지 못한 父情을 본다
어린 아들의 꼬막 손을 잡고
건널목에 서 있는 야무진 입을 본다
늘어진 식탁 시간

되새김질이 계속되는 동안
父子의 탯줄은 튼튼한 동아줄이 되어
아들의 힘겨운 나이 고개를 넘겨주겠지
언젠가 시간여행 끝날 언저리
저 자리에 앉을 老 아들을 본다

낡은 소파

한때는 당신이 품어 안은 마음 폭도 넉넉했으리
생전에 기분 나면 한 번씩 틀던 〈아씨〉의 주제곡 같은 것이
안마루를 가로질러 상큼 문지방을 넘었으리라
허벅지 깊게 숨긴 살 들이대기만 해도
탱탱한 감촉에 온몸이 후끈거렸을 터이지만
오늘, 슬쩍 다리를 올려놓으니
처진 뱃살이 탄식 같은 먼지를 쏟아낸다
버틸 만큼 버텼다는 듯, 뒤집힌 천 조각 사이로
부정맥 같은 올들이 흐느적대고 있다
맵시를 자랑하시느라 은근히 노출을 즐기시던 어머니
자식 입에 곡식 들어갈 때 제일 살맛난다고 하셨던가
하루에도 시장길 몇 번 걸음이시더니
이제는 문병 온 아들 내외를 웅크린 채 맞이 하신다
길 위에서 버리신 세월만큼
종갓집 맏이로 반평생을 사시다가
때늦은 명절에 받은 어떤 휴가

생선 가시엔 그리움이 있다

꽁치는 내 어머니이다
잦은 반찬 투정을 달래 주시던 약손이다
푸른 껍질 벗겨 낸 사이에 보이는 속살
어미의 비릿한 젖내음으로 얼러 주시던 그것이다
이 아침, 그 비릿함이 그립다
아이들이 파먹고 남겨 놓고 간 가시에
가닥 머리 여자아이가 앉아 울고 있다
아이들이 하얀 철부지를 끌어다 놓고
어머니를 발라먹고 있으면
통살 다 주고 점점이 붙어 있는 그리움
파도가 친다, 작은 손등에 얹어지는 주름에
꽁치 살 발리던 어머니 그 손길 보고픈 것이지
비릿한 가슴에 한 번만이라도 파묻고 싶은 것이지
꽁치를 먹는 건 내 어머니 바다를 먹는 일이다

주전자

문설주 대못에
여기저기 우그러진 주전자가 매달려 있다

비가 사내 몸속을 적시는 날이면
어린 딸이 주전자를 매달고 양조장으로 향한다
남대천 다리를 건너고 미루나무 가로수를 지나서
축축한 붉은 여행을 가는 것이다
몇 날 밤, 사내 입에서 튀어나오던 미꾸라지들이
진흙 속으로 파고든다
맨발로 바닥을 비벼대고 서 있으면
어깻죽지에 물나래 솟는다
눈 닿는 양조장이 사나흘 걸리는 먼 길이었으면 좋겠다
한 사나흘 빗속에 더 있었으면 한다
벌컥벌컥 들이키는 아버지를 유배시키는 길이라면

주전자 속 동전들이 눈치를 챘는지 소리소리 질러댄다
금방이라도 쫓아올 기세다
미루나무 아래 길을 오고갈 때마다

아버지 얼굴이 진흙길에 수도 없이 엎어진다
사내가 토해 놓던 낮고 축축한 밤이 깊어지고 있다
남겨진 아이가 부엉이 눈을 하고 운다

어머니 밥상

남자가 허름하게 웃는다
입을 벌리자 낡은 장이 삐걱거린다
그 성긴 가구 사이에 고여 있는 밥상
낮에 누구를 만났을까
청국장 알갱이로 남아 있다
묵힌 세월이 백년은 되었을 듯한데
어쩌다, 귀하게 삭혀온 세월이
저렇게 작고 누추한 밥상이 되었을까
남자 등뒤에 장독대가 보인다
밤나무 아래 장 항아리
어머니 손이 수없이 다녀갔을 터
번쩍이는 몸, 집안 중심이었다
올곧은 총애 아래
세상 최고인 줄 알았으리라
장맛은 자랑이었고
집안 행사가 있으면 나오는 밥상
명가 뿌리를 증명한다
허나, 부자는 삼대를 잇지 못한다고 했던가

어머니가 치매로 구름다리 오고가니
백년만 혹한이 지난 이듬해
짱짱하던 항아리 금이 가고 장맛은 변했다
삼대째 내려온 자존심
밤나무 쩍 갈라지며 천둥소리가 났다
파란 지붕 위로 구름 한 점 지나가고
처마 밑에 둥지를 틀던 제비도 찾지 않은
어느 늦봄, 어머니 밥상이
장독대에 노란 씀바귀꽃으로 한 상 차려졌다
노쇠한 아들을 위한

연못

돌멩이 하나 던지자 뜸붕 입 한번 열더니
이내 잔잔해지는 수면
장난삼아 던진 돌에 개구리가 죽는다지
식상한 말에도 상처는 있는데
그동안 삼킨 돌멩이 다 어디로 갔을까
명치끝에 돌무덤을 만들었을까
가끔, 깊은 동굴 소리만 들릴 뿐 보이지 않는
빛조차 들지 않는 잠잠한,
펄떡이는 잉어 키워 본 지도 까마득한 기억
이제 세월만 낚아야 하나
놀잇배 띄워 홍 돋워야 하나
흐르지 않는 물의 응집력
소화되지 않는 돌멩이들 그득하게 담고도
물결조차 일으키지 않는 연못
바람이 불수록 아래로 아래로
파장을 삭힐 뿐
수초로 메우고 이끼로 메우고
수없이 진흙 바닥에 눕고 싶었을 그 위에서

물은 평온한 슬픔이다
속내를 드러낸다는 건 흙탕이 되는 것이지
분분하지 말자, 팔십 년 기도
입이 열리고 연꽃 하나 핀다
어머니 연못
생불이다

열 손가락

깨물어서 안 아픈 손가락 없다고 했던가
동생 꿈에는 잘도 나타나신다는데
도마뱀 꼬리 잘라내신 듯
흔적 한번 없으시다
시시로 생살로 돋아나는 그리움에
한 번씩 울컥하다가
멍울만 남기고 사라지는
기억의 꼬리 이십 년 동안 쌓여 간다
오월 단오, 굿 구경을 마지막으로
무당 열 손가락에서 춤을 추던 소지 종이
불꽃 속으로 걸어가신 어머니
쌈짓돈 놓으시고 무엇을 들으셨을까
이른 새벽, 먼 곳 떠나 사는 딸을 부르시곤
어깨 쓰다듬던 마지막 손길
어미 사랑은 보이지 않는 열 손가락이다
물 젖은 몸으로 돌아온 밤이면
어깨에 얹어지는 손이 있다
아직도 떠나지 못한 마음이 있어
손가락 마디마다 움켜쥐는 사랑
어머니 열 손가락이 내 어깨를 쓰다듬는다

미루나무 길에서 자전거 벨이 울린다

미루나무에 마른 바람이 불면 자전거 벨 소리가 난다
목장의 늙은 소 잔등에 붙은 쇠파리조차 졸음 오는 7월의 오수
아버지는 끝이 보이지 않는 그 길을 달려가셨다
길 끝에 걸려 있는 흰 구름을 떠다 솜사탕 만들어 주신다더니
미루나무에 걸어놓은 벨 소리만 짤랑거릴 뿐

아버지의 7월이 시작되는 첫날
땀방울이 눈물 대신하는지 온몸 적시고
하얀 원피스를 입고 아버지를 따르던 아이는
자전거 달리던 미루나무길 그 바람 그리워한다

■ 해설

부감으로 세상 보기

황정산
(시인, 문학평론가)

세상을 본다는 것은 있는 현실을 그대로 받아들이는 것이 아니다. 본다는 것은 나와 내가 보는 사물과의 특별한 관계 설정이다. 그 관계 설정이 세상을 보는 관점을 만들고 세상을 대하는 태도를 만들고 또한 세계관을 형성한다. 우리는 우리의 눈이 마치 카메라의 렌즈처럼 세상을 객관적으로 바라보는 창이라고 착각한다. 하지만 우리의 눈은 우리가 가진 태도에 따라 같은 사물이라도 전혀 다른 모습으로 바라보게 만든다. 그것은 마치 영화를 찍는 과정에서 카메라를 어떻게 사용하느냐 하는 문제와 흡사

하다. 같은 카메라지만 카메라를 어떤 위치에서 또 어떤 각도에서 피사체를 향하느냐에 따라 그것이 만들어 내는 영상은 완전히 다르다.

김정옥의 시는 세상을 보는 우리 눈의 위치를 생각하게 한다. 김정옥의 시는 차갑고 날카로운 눈으로 세상을 해부하지 않는다. 그렇다고 뿌연 렌즈로 세상을 감추고 안개 자욱한 감상적인 풍경을 만들어 내지 않는다. 그럼에도 불구하고 김정옥의 시를 읽으면 따뜻하다. 그것은 그의 시가 세상을 독특한 방식으로 바라보고 있기 때문이다. 그것은 바로 시인이 그려내고자 하는 세상을 부감 즉 하이 앵글로 바라보고 있기 때문이다.

부감은 카메라의 위치를 우리의 눈보다 높여 대상을 약간 아래로 내려보면서 찍는 것을 말한다. 그 각도로 대상을 바라보면 그것은 작고 왜소하나 아름답게 보인다. 흔히 영화에서 범죄나 폭력에 희생되는 대상처럼 처량하고 가엾은 존재를 그리거나 무대에서 춤추는 무희나 사랑을 나누는 여인들의 모습을 묘사할 때 이 부감이 사용되는 것은 그 때문이다.

김정옥의 시는 바로 이렇게 부감으로 찍힌 영화 장면을 연상하게 만든다. 가령 다음 시를 보자.

계룡시 공원 입구에는

느티나무 부부가 운영하는 추억 사진관이 있다
— 우리 집사람을 이 밑동에서 처음 만났어야
느티사진관 나무 의자에 앉아 있는 할아버지
어떤 사진을 맡겨 놓으셨기에, 망연히
하늘가지 끝에 달려있는 잎사진을 뒤지고 있을까
아내의 젊었을 때 얼굴을 찾으러 온 것일까
서랍장 깊이 넣어 둔 앨범을 더듬는다는 건
내 속에 꺼져가는 푸른 재에 입김을 불어넣는 게야
마음 아궁이에 生 불씨 하나 세우는 것이지
60년 전 마음을 찾아주려는 듯
할아버지 눈길 따라 느티 가지 사이를 돌던 바람
사진 한 장 골라 발등에 얹어준다
오백년 동안 찍어 온 사진들을 걸어놓은 마당에는
가족사진을 찍기 위해 기다리는 사람들로 와짝하다
나무 의자에서
돗자리 위에서
저마다 추억을 걸어두기 위해 열심이다
강중거리는 사내아이 신발 뒤꿈치에서도
뽁뽁뽁 셔터가 터진다

—「느티나무 사진관」 전문

풍경을 바라보는 시인은 풍경 속에 있지 않다. 그는 약간 떨어진 거리에서 시 속에 등장하는 인물과 풍경을 바라보고 있다. 그런데 이들을 모두 하나의 장면에 담기 위해서는 시선을 약간 높은 곳에서 아래로 두어야 한다. 바로 카메라의 부감 촬영과 같은 위치이다. 이렇게 그려진 대상은 아름답지만 작고 힘없는 존재들로 보인다. 사진관 주인 할아버지도 가족사진을 찍으러 온 동네 사람들도 그리고 뒤꿈치에서 소리 나는 신발을 신은 사내아이도 모두 자신이 주인공이 된 것처럼 거창한 존재감을 가지지 않는다. 모두 다 느티나무 아래 사진관을 배경으로 한 풍경 속에 작은 피사체로 그려지고 있다. 그래서 아련한 추억을 생각하게 하고 그 추억 속에서 잊혀져 가는 기억을 되살리며 애달파하는 존재들이 된다. 가족사진을 찍기 위해 모여든 사람들이나 그 사람 중 "강중거리는 사내아이" 역시 소란스럽고 활기찬 모습을 보여주지만 사진 속에 들어가면 이 역시 쓸쓸한 존재가 되리라는 것을 시인은 벌써 예감하고 있다. 사내아이의 신발 소리가 셔터 소리로 들리는 것은 바로 이 때문이리라.

다음 시에서는 이 부감으로서의 시선의 효과가 좀 더 분명히 드러나고 있다.

> 저승길에 내놓은 신발인가
> 풍성하던 가지 끝에

짚신 두 켤레만 걸려 있다
밤새
웅성웅성 바람 발걸음 소리 들리는가 싶더니
은행나무 댁에 초상이 났었나 보다
어느 소문난 집 장례식장인가
나무 둥치 아래
여기저기 흐트러져 있는 조문객들 신발
발 디딜 곳 없다
무겁게 짓눌렀을 삶의 고리
하나씩 풀어내려는지
못다 춘 춤을 마저 추고 있는 노란 영혼
환한 가벼움 싣고 떠났을 시간이
오늘 따라
가지로 남아
빳빳하게 하늘을 찌르고 있다
몸속에 숨겼던 노란 울음
다
쏟아내려는 듯

—「어느 장례식장」 전문

시인은 장례식장에서 상주나 조문객을 보는 것이 아니라 두 가지의 신발에 관심을 두고 있다. 하나는 황천길로

인도할 망자의 신발이고 또 하나는 조문객들의 신발들이다. 그런데 망자의 신발은 나뭇가지에 높이 걸려 있고 조문객들의 신발은 바닥에 널려 있다. 당연히 망자의 신발을 보기 위해서는 눈을 들어 위를 보아야 한다. 그것은 바로 앙각 즉 로우 앵글이다. 이와 반대로 문상객들의 신발은 부감으로 볼 수밖에 없는 위치에 놓여 있다. 시인은 시인이 의식했건 하지 않았건 간에 이 두 시선의 차이를 통해 이 시의 의미를 만들어 내고 있다. 앙각으로 바라볼 수밖에 없는 망자의 짚신은 우리가 알 수 없는 저 먼 세상에 대한 염원의 표시이다. 그것은 현실을 넘어서는 초월적인 것이므로 "빳빳하게 하늘을 찌르고 있"는 크고 강한 것으로 묘사되어 있다. 반면에 "여기저기 흐트러져 있는 조문객들의 신발"은 "무겁게 짓눌렀을 삶의 고리"로 안타깝게 묘사되고 있다. 두 가지 사물의 속성의 차이를 바라보는 시선의 차이로 아주 효과적으로 잘 표현하고 있다.

그런데 김정옥 시인의 시는 저 높은 천상의 세계보다는 삶에 찌들어 살아가고 있는 현실의 모습에 더 애틋한 시선을 던지고 있다. 그의 시가 대부분 이 부감의 시선을 유지하는 이유도 바로 여기에 있을 것이다. 다음 시를 살펴보자.

집앞 텃밭에 돈 되지 않는 웬수들

간밤 장대비에 가냘픈 목줄을 달랑이고 있다
구박에 사무쳐 농익은 빠알간 껍질 위
냉큼 올라앉은 물방울에 갈증이 난다
한 입 쭈욱 목젖을 넘는 시큼한 국물
상처 난 속살 인정사정없이
할머니 뱃가죽 될 때까지 알맹이를 빨아댄다
아이의 뱃가죽은 마알갛게 된다
아침에 토마토 따는 심부름은 즐거웠다

딩동……
토마토 주스 배달이오
아파트 아침은 이렇게 시작된다
어릴 적 상큼한 기대는 사라지고
난 아이들로부터 풋풋한 아침 햇살을 빼앗아 버렸다

―「토마토」 전문

아이였던 시인 자신의 과거 모습과 지금 자신이 낳아 기르고 있는 아이들의 모습을 대비시키고 있다. 과거의 자신은 자연 속에 살고 있었다. 거기에서 시인은 자연을 감각적으로 경험하고 자라왔다. 그러므로 그곳에서 살았던 과거 자신에게는 자연은 클로즈업이 되어 다가온다. 토마토의 "농익은 빠알간 껍질"이나 그 위에 있는 이슬방

울을 시인은 아주 가까이서 자신의 전 감각으로 느낄 수 있었다. 그래서 그 "시큼한 국물" 맛이 아직도 생생하게 남아있는 것이다. 하지만 지금은 이런 자연은 사라지고 오직 자연은 "딩동" 소리와 함께 배달되는 주스 속에 담겨 있을 뿐이다. 이제 아이들은 풋풋한 자연의 생기를 느낄 수 없는 환경에서 자랄 수밖에 없게 되었다고 시인은 생각한다. 그런데 그 아이들을 바라보는 시인의 시선에는 안타까운 연민이 배어 있다. 자연을 빼앗긴 그들의 삶이 삭막하고 거친 세파 속에 놓여 있으리라는 생각이 시인의 머리를 떠나지 않기 때문이리라. 바로 이 아이들을 바라보는 아래로 향하는 시선, 다시 말해 부감으로 세상을 바라보는 시선이 김정옥 시인의 시로 하여금 세상의 작고 힘없고 사라져 가는 운명을 타고난 안타까운 존재들을 따뜻한 사랑으로 품는 것을 가능하게 만든다.

장맛은 자랑이었고
집안 행사가 있으면 나오는 밥상
명가 뿌리를 증명한다
허나, 부자는 삼대를 잇지 못한다고 했던가
어머니가 치매로 구름다리 오고가니
백년만 혹한이 지난 이듬해
짱짱하던 항아리 금이 가고 장맛은 변했다

삼대째 내려온 자존심
밤나무 쩍 갈라지며 천둥소리가 났다
파란 지붕 위로 구름 한 점 지나가고
처마 밑에 둥지를 틀던 제비도 찾지 않은
어느 늦봄, 어머니 밥상이
장독대에 노란 씀바귀꽃으로 한 상 차려졌다
노쇠한 아들을 위한

—「어머니 밥상」 부분

이 시는 몰락해 가는 어느 종갓집의 모습을 그리고 있다. 시에 등장하는 인물과 사물은 모두 쇠락해가고 늙어가고 사라져 갈 시간을 얼마 두지 않고 있는 존재들이다. 그런데 시인은 바로 이 사라져가는 것들에서 아름다움을 찾아낸다. 장독대에 핀 "노란 씀바귀꽃"을 어머니가 차려준 마지막 밥상이라고 생각하는 것이다. 바로 이 꽃이야말로 사라지고 몰락해가는 것들이 보여준 아름다움의 극적인 표상이다. 시인은 우러러보거나 동경해야 할 대상에서 아름다움을 찾는 것이 아니라 자신이 어쩔 수 없이 안타까운 시선으로 내려다볼 수밖에 없는 작고 가녀리고 힘없는 존재들로부터 아름다움을 찾고 있다.

다음 시에서도 이 점을 확인할 수 있다.

유모차에 폐지를 가득 싣고
기우뚱기우뚱 도로를 횡단하는 할머니
종이가 불붙지 않아도 사람 온기보다 따스한지
연신 들춰 보며 웃음 가득 머금었다
저 순간 종이는
할머니의 훈훈한 온돌방이며
뜨끈한 돼지국밥이다
어느 엄숙한 불공이 이보다 진지할까
모두가 얼어가는 세상에서
몇 겹씩 받쳐들은 저 몸으로
펭귄 알이 되어
스스로 발등에 얹어 놓고 지내는 연명
살아 내야 하는 구차함이
아파트 한 귀퉁이에 폐지로 쌓여간다
봄이 되면
노란 개나리가 햇살 밥상 차리겠지만
그때까지 지켜 내야 할 삶의 의무는
무엇보다 원대하다
황제펭귄이 알을 품고 있는 그 순간처럼

—「황제펭귄」 전문

시인은 폐지를 주워 낡은 유모차에 옮겨 싣고 있는 한

할머니의 모습에서 혹한의 날씨에 자기 알을 아주 힘들게 품고 있는 황제펭귄의 모습을 본다. 둘 다 살아가는 모습이 힘들어 보이는 존재들이다. 그들의 삶의 모습은 진지하기도 하지만 또한 구차하기도 하다. 하지만 시인은 그것이 아름다움을 만들어 낸다고 생각한다. 그것을 시인은 “봄이 되면/ 노란 개나리가 햇살 밥상”을 차려 내는 것으로 묘사하고 있다. 펭귄과 유모차를 밀고 가는 할머니는 모두 작은 것들이다. 시인은 그들을 보기 위해 고개를 숙여야 한다. 어쩔 수 없이 부감으로 바라볼 수밖에 없는 존재들인 것이다. 하지만 이렇게 부감으로 바라볼 때 이들의 모습은 그것이 가엾고 고달프고 또 고통스러울지라도 역겹거나 피하고 싶은 것이 아니라 다가가 껴안아야 할 아름다운 것으로 다가온다. 이것이 바로 김정옥 시인이 이번 시집에서 보여준 삶에의 시선이다.

그런데 김정옥 시인은 왜 이런 시선을 가지게 된 것일까? 다음 시가 여기에 대한 단서를 제공해 준다.

날개 없이 날고 있지
줄 하나에 매달려 따라오는
산봉오리가 봉긋봉긋 물오른 젖가슴이다
마음에 철없는 풍선 하나 있어 떠오르는 것만 좋다

케이블카는 하늘 이빨에 끼인 고춧가루처럼
웃을 때마다 반짝이지
무심하게 쳐다보다 발견된 부끄러움처럼
이어진 쇠줄이 하늘에 닿게 하는 거라고
발바닥을 허공에 띄워 놓고 있었다
순간, 이카로스 날갯죽지에서 구름 뼈가 꿈틀거린다

바닥에서 높아질수록 낮아지고 낮아지고
발아래로 수없이 견디며 넘어야 했던 산봉오리들이
떠나온 자리만큼 작아지고 있다

구름 보이는 곳이 목적지라지
발이 후들거려 긴 한숨을 내쉰다
산중턱 어느 쯤에서 다시 시작해야 하는 여정
발톱 끝 부리에서 통증이 온다
뿌리를 내리고 싶은지 자꾸 들썩이는 무엇이 있다
부레옥잠은 호수에만 떠있는 것이 아니었다

—「케이블카」 전문

케이블카를 타는 것은 잠시 태양을 향해 날아가는 이카로스가 되는 것이다. 그리고 세상은 자꾸 우리로 하여금 이 이카로스가 되어 높은 곳으로 가라고 요구한다. 그것이 추락을 예비하고 있는 것이긴 하지만 더 높은 곳으로의 상승이라는 욕망이 우리를 어딘가로 몰아가고 있다. 시인 역시 케이블카를 타면서 이 상승의 쾌감을 만끽하고 있다. 숨겨진 이카로스의 욕망이 되살아나고 그렇게 높게 보였던 산봉우리들도 모두 발아래 놓여 있다. 우리가 출세를 하고 사회에서 높은 지위에 올라가고자 하는 것도 모두 이런 쾌감을 느끼기 위해서일 것이다.

하지만 시인은 이런 쾌감에만 사로잡혀 있지 않다. 그는 이 쾌감에도 불구하고 또 다른 통증을 느낀다. 뿌리를 내리지 못하고 허공에 떠있다는 반성이 주는 통증이다. 세상에 발 딛지 못하는 상승이라는 것이 덧없는 허망한 것임을 시인은 뼈저리게 느끼고 있다. 시인이 개인적으로 성숙하기도 하고 또 사회적으로 성장하여 이제는 삶의 첨단을 향해 나갈 수 있는 위치에 있지만 그가 시선을 아래로 둘 수밖에 없는 이유는 바로 여기에 있을 것이다. 저 거친 밑바닥에 뿌리를 두고 사는 작고 가녀리고 고통 받는 존재들이 진정한 아름다움과 삶에의 근원적인 힘을 가지고 있다고 시인은 굳게 믿기 때문이다.

바로 이러한 믿음이 다음과 같은 아름다운 연민을 가능하게 만들고 있다.

눈발이 줄 맞추며 따라와

차곡차곡 차례 지켜 쌓이는 눈 위에
단풍이 날린 자리 선명한 고양이 발자국
가을의 끄트머리라도 움켜쥐려나
발갛게 발톱 오그려 보지만
하얗게 삭아가는 기억
고양이 집은 빗장으로 잠겨 버렸어
몇 날 며칠, 들고양이들 눈 데굴거리며
밤새 뽑아놓은 털이
데구르르 뒹굴던 빨간 출근길
순간, 멈추는가 했는데
반나절에 계절을 흰 소문으로 묻어 버려
비상벨이 울렸어
피난처를 찾지 못한 빨간 고양이
외쳐댄 SOS
바스락 옴짝도 못하고 먹먹한 물 젖은 소리만
언제 숨었을까
처마 밑에 단풍 고양이 한 쌍 야옹하고 있어
이사하는 사람들 겨울 도장 찍느라 발밑만 보고 있어
어깨에 들려진 흰 보따리 내려놓느라
분주한 오후의 거리엔
버려진 고양이 울음이 빨갛게 부서져 있어

—「빨간 고양이를 구해줘」 전문

빨간 고양이는 단풍잎에 대한 비유이고 사라지고 쫓겨난 것에 대한 상징이기도 하다. 그것은 카프카의 「빨간 원숭이 피터」를 연상시킨다. 그것은 자신의 삶의 터전에서 쫓겨나 인간들의 세상에 던져져 부서져 가는 존재이다. 낙엽이나 인간들의 언저리를 배회하는 길고양이들도 이와 다르지 않다. 김정옥 시인은 바로 여기저기 휩쓸려 다니는 가을 낙엽에서 이 소외된 것들의 아름다움을 발견하고 있다. 그런데 사실 우리들의 삶도 이런 낙엽이나 길고양이들의 모습과 다를 바가 없다. 모두들 영혼의 고향에서 쫓겨난 존재들이기 때문이다. 김정옥 시인의 작품이 쉽고 소박한 언어로 잔잔하게 삶의 모습을 담아 내고 있지만 나름의 시적 깊이를 이루어 내고 있는 것은 바로 이러한 삶에 대한 성찰이 곳곳에 배어 있기 때문이다.